SMART EDUCATION

I0475101

Author:

This Book is presented by Mr. **Rinku Dahiya**. Who is a computer teacher at **Smart Education Narnaul.**

Short Description about Smart Education:-

This Book is full of Computer technology and it describes the method of caring our computer and laptop. In this Book you will get all computer, laptop, mobile, tablet tips and tricks.

Like:-Notepad Tricks, Windows tricks, Internet tricks, Android Tricks, Data Recovery, Google Tricks, Online recharge Tricks, Online Shopping Tricks, Online Form Filling Procedure, Facebook and Whatsapp tricks, Networking tricks, Windows Customization, CMD Tricks and all other most useful tricks which make your computer and mobile use easy.

For any query related to these tricks contact us: **Mr. R.D**

Phone: 08059374708   Email: rinkudahiya@ymail.com

First Edition   **Price: Rs.202/-**

How To Install Windows 7 From USB/DVD

यह Tips आप सब के लिए बहुत उपयोगी है इस Tips में हम Windows 7 Step by Step हमारे Computer में Install करना सीखेंगे। आपको समझाने के लिए और इसे हम USB/DVD की मदद से Install करेंगे बहुत आसान है।

Windows 7 को install करने से पहले जान ले इसमें हमे कनि कनि चीजों की जरुरत होगी ।

- सबसे पहली यर्दा आप DVD से Windows 7 Install करना चाहते है तो अपने DVD Writer में DVD डाले और अपने PC को Restart करे और आगे के Step Follow करे ।
- यर्दा आप USB Pendrive की मदद से Windows 7 Install करना चाहते है तो आपके पास इसकी ISO Image होनी चाइये।
  इसके बाद आपको अपने USB Pendrive को Bootable बनाना है, यर्दा आपको आता है, तो USB Pendrive को अपने PC से जोड़ दे और PC को Restart करे और आगे के Step Follow करे यर्दा नहीं आता है, तो Page No. 6 पर जायें और USB Pen Drive को Bootable बनाना सीखें।

ठीक है आपने सब कर लयिा आप आपको सरि्फ Windows 7 Install करना है।

1. USB को अपने PC से जोड़े और PC को Restart करे और अपने keyboard से F11 या F12 बटन दबायें आपके सामने Boot From Option आएगा

उसमे से अपने Pen Drive/DVD को चुने और Enter दबायें Windows is loading files लखिा हुआ आएगा।

2. यह समाप्त होने के बाद आपके सामने Windows Setup की Window खुलेगी इसमें आपको Language का चुनाव करना है,आमतोर पर English US चुनी जाती है,और इसके बाद Next बटन दबायें इसके बाद आपके सामने Install Now बटन दखिेगा सरि्फ उस पे Click करे ।

3. यह करने के बाद आपके सामने license agreement का Option खुलेगा उसमे I Accept बटन को Select करें और आगे बढ़ने के लए़ि Next बटन दबायें ।

4. इसके बाद आपके सामने Install करने के Option आयेंगे Upgrade और Custom (advanced) आपको Custom का चुनाव करना है, क्योंर्का हम बलि्कुल नया OS install कर रहे है।

इसके बाद:-

यह Windows Install करने का सबसे Important भाग आपके सामने आएगा इसमें आपको Partition बनाना और हटाना होता है इस लए़ि इसे थोड़ा ध्यान से partitioning करें ।

5. यर्द`आप अपने कसिी और पुराने Microsoft Windows पर Windows Install कर रहे है तो सरि्फ C: Drive को Select करे और Format करें। यर्दा आप अपनी Hard Disk को पूरी तरह Format करना चाहते है तो सभी Partition को Delete कर दे और नए Partation बनायें।

(1) सबसे पहले सभी Partition को Delete कर दे उसके बाद सरि्फ एक Partition बचेगा उस पर Click करे।

(2) नीचे New पर Click करे अपने Drive को कतिना जगह

(Space) देना चाहते है, वो Enter करे जैसे: 20000 MB यह 20GB के आस पास होगा Windows 7 के लिए कम से कम इतना Space होना जरुरी है। बाकीं के Drive भी इसी तरह बनायें ।

6. जब सभी Partition बन जायें तो उस Drive को Select जसिमे Windows 7 Install करना है और NEXT बटन दबायें ।

आपका Windows 7 Installation शुरु हो गया है, यह कुछ समय लेगा File Copy करने में तब तक इंतजार करें। File Copy हो जायेंगी तो PC खुद Reboot होगा और उसके बाद आपके सामने एक Window खुलेगा।

7. इसमें अपना नाम डाले और password डाले और Next बटन दबायें इसके बाद सबसे main कार्य जो है वो है Windws 7 को Activate करने का यर्दा आपको Windows 7 Register करना आता है तो ठीक है, यर्दा नहीं तो Page No. 8 पर जायें और Windows 7 को Activate करना सीखें ।

Pen Drive को Bootable कैसे बनाते है

जानेंगे की Bootable Pen Drive कैसे बनाते हैं। इसके 2 तरीके है।

Step:1- आप कोई भी Burning Software का Use करके PenDrive को Bootable बना सकते है। लेकनि यह थोड़ा Risky और ज्यादा समय लग सकता है क्योकिआपको Software Download करना होगा। और आपको इस Simple से काम के लिए एक अलग से Third Party Software Install करना पड़ेगा। तो दोस्तों हमें अपना time ख़राब करने की कोई जरुरत नहीं है। क्योकि इसका दूसरा तरीका बहुत ही Simple है। सरि्फ 2 मनिट में आपकी Pen Drive Bootable बन जाएगी।

Step:2 – तो Ready हो जाइये

1. सबसे पहले तो आपके Computer में Window (Xp, Vista, 7, 8 ,10) का Setup होना चाहिए। और हो सके तो आप Setup को एक बार Scan कर ले।
2. अब अपने Pen Drive को Computer में लगाइये। और NTFS या Fat32 में Format कर लीजियि।
3. फरि command prompt (CMD) को Open कीजियि ।
4. अब आप Diskpart टाइप कीजियि।
5. फरि आप List Disk टाइप कीजियि आपको Disk (Disk 0 , Disk 1) दखिाई देगा। नीचे चति्र के अनुसार-

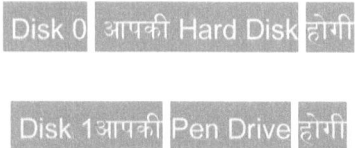

Disk 0 आपकी Hard Disk होगी

Disk 1आपकी Pen Drive होगी

6- अब आप Select Disk 1 टाइप कीजियि ताकि Pen Drive Select हो जाये। आप Select Disk दोबारा टाइप करके देखेंगे तो आपको Disk 1 के सामने * का चनि्ह लगा हुआ दखिेगा। इसका मतलब की हमारी Pen Drive Select हो गयी है।

7- अब आप Clean टाइप कीजियि,

8- अब आप Create Partition Primary टाइप कीजियि,

9- अब आप Select Partition 1 टाइप कीजियि,

10- अब आप Format fs=ntfs quick टाइप कीजियि अगर आप quick नहीं लखिते है

तो Format होने में थोड़ा टाइम ज्यादा लेगा तो Quick का use जरूर करे।

11- अब आप Active टाइप कीजयि,

12- अब आप Assign टाइप कीजयि अब आपके सामने एक Autoplay का Dilog Box Open होगा।

13- अब आप CMD को Exit कर दीजयि।

14- बस अब आप My Computer Open करके Window के Setup को Ctrl+A (All Select) करके Copy कर लीजयि।

15- अब आप अपने Pen Drive में Past कर दीजयि।

16- बस हो गयी आपकी Pen Drive Bootable तो Install कीजयि।

Learn How To Activate (Register) Windows 7

वैसे आप सभी को पता है कर्ा इंटरनेट पर Windows के सभी version फ्री में download कयि जाते है, लेकनि वो windows के trial या limited vesions होते जनिको activate करना पड़ता है, जसिके लएि एक third party software की जरूरत पड़ती है। इस ट्रकि में हम आपको ऐसे ही सॉफ्टवेयर के बारे में बताएगा जो आपकी window को activate कर देगा और उसे lifetime के लएि register कर देगा। इसके लएि नचिे गए लकि से सॉफ्टवेयर डाउनलोड करें।

इस सॉफ्टवेयर की मदद से आप Window 7 के सभी vesions को activate कर सकते है। जैसे -:Windows 7 Home Basic, Windows 7 Professional,

Windows 7 Ultimate आर्दा ।

http://downloadity.net/file/0_Ho0

Software को Install करने और Windows को Activate करने के लिए नम्नि Step Follow करे

- RAR File पे Double Click करे और उसे खोले खुलने के बाद आपके सामने दो फाइल होंगी आपको Remove WAT 2.2 पे Double करके Software को RUN करना है।

  जैसे ही आप Software पे Double Click करेंगे आपके सामने एक Warning Box खुलेगा और अनुमर्ता मांगेगा आपको Yes Button पे Click करना है, बाद Software आपके सामने खुल जायेगा
- आपके सामने Restore WAT की जगह Remove WAT लखिा होगा उस Button पे Click करना है यह कुछ समय लेगा और आपका Computer Reboot होगा ।
- इसके बाद आपकी वंडिो activate हो जाएगी।

- ## Lock any File without any Software

अगर आप चाहते हैं कि आपके कंप्यूटर में आपका महत्वपूर्ण डाटा कोई दूसरा व्यक्ति देख न सके इसके लिए कुछ तरीके हैं इनसे आप कुछ हद तक अपना महत्वपूर्ण डाटा दूसरों से सुरक्षित रख सकते हैं वो भी बिना किसी Software के।

1.

1. सबसे पहले वो तरीका जो सबसे ज्यादा काम में लिया जाता है, इसमें फोल्डर को lock नहीं लगाया जाता बल्कि छुपा दिया जाता है।जिस फ़ाइल या फोल्डर को छुपाना हो उस पर right click करके property में जाएँ, अब सबसे नीचे जाकर hidden को चेक कर दें, फिर apply करके OK कर दें।

2. अब My computer की main screen पर ऊपर tool bar में tools पर क्लिक करें फिर folder options पर Click करें अब जो विंडो खुले उसमें view पर क्लिक करें ।

3. अब advanced setting में do not show hidden files and folders को select करें और apply करके Ok कर दें ।

4. अब आपका फोल्डर अपनी जगह से गायब हो जायेगा और कोई भी उसे देख नहीं पायेगा ।

5. फोल्डर को वापस लाने के लिए folder options की विंडो में show hidden files and folders को सेलेक्ट कर दें।

2.

इस तरीके में आपको एक Zip Software की जरूरत होती है जो हम अपने कंप्यूटर में हमेशा रखते है। इसमें फ़ाइल या फोल्डर को पासवर्ड के द्वारा lock कर दिया जाता है।

1. जिस फ़ाइल या फोल्डर को lock करना है उस पर right click करें फिर send to compressed (zipped) folder को क्लिक कर दें ।
2. अब उसी नाम का दूसरा zip folder बन जायेगा उस फोल्डर को खोलें।
3. अब ऊपर दिए गए file menu में जाएँ वहां से add a password को select करें।
4. अब अपनी मर्जी का password देकर Ok कर दें।
5. अब कोई भी आपके डाले गए पासवर्ड के बिना फाइल या फोल्डर को खोल नहीं सकेगा।

Covert any Folder into my computer

- सबसे पहले जिस फोल्डर को आप my Computer में बदलना चाहते हैं उसको निचे दिए हुए नाम से rename करना हैं।

My Computer.{20D04FE0-3AEA-1069-A2D8-08002B30309d}

- Rename करने के बाद Enter बटन Press करें।
- अब आपका फोल्डर My Computer बन गया है।

How to access all system setting from one folder

- सबसे पहले निचे दिए हुए नाम से नया फोल्डर बनाए।

GodMode.{ED7BA470-8E54-465E-825C-99712043E01C}

- Rename करने के बाद Enter बटन Press करें।
- अब आप इस फोल्डर से System की सभी सेटिंग्स देख सकते हैं।

Get Keyboard on your Desktop

काफी बार हमारे साथ ऐसा होता है, कि हमारा keyboard खराब हो जाता है, जिसके कारण हमे काफी परेशानी होती है।

इसलिए हम आपको बताएंगे कि अगर आपका keyboard खराब हो गया हो तो अपनी desktop screen पर keyboard लाने के निम्न तरीका अपनाए।

- सबसे पहले अपने start button पर क्लिक कीजिये और run पर click कीजिये करें।
- अब run box में osk टाइप करके ok दबाए।
- आपके desktop screen पर keyboard आ जायेगा।
- अब आप लोग ये सोच रहे होंगे कि अगर हमारा Keybopard खराब हो गया है तो इतने जो word बताए है वो कहाँ से टाइप करें तो चिंता मत कीजिये उसका भी इलाज है।
- अब अपने कंप्यूटर में कोई भी ऐसी पुरानी notepad या wordpad की file खोल लीजिए mouse की मदद से जिसके अंदर आपको ये तीन word मिल जाये, और ये आसानी से मिल भी जाते।
- अब इन सभी word को एक एक कर run बॉक्स में mouse की सहायता से copy paste कर लीजिए।

यदि आपका कम्प्यूटर हैंग हो जाये तो यह Trick आजमाए:-

1. सबसे पहले अपने keyboard से Shift +Ctrl+ Esc बटन दबाएँ ।
2. अब " END TASK " पर क्लकि करें ।
3. आपका कम्प्यूटर चलना शुरू हो जायेगा ।

ऐसे देखें अपने कम्प्यूटर का पूरा Specification:-

1. सबसे पहले अपने keyboard से win+R press करें ।
2. टाइप करें dxdiag Enter दबाएँ ।
3. अब आप अपने PC के सभी Specification देख सकते हैं ।

वडिोज XP की corrupt फाइल्स रपियर कीजयि

हमारे कंप्यूटर में वायरस के कारण या गलत software डालने के कारण वडिोज XP की फाइल्स corrupt हो जाती है, फरि कंप्यूटर में कई तरह की समस्याएँ आने लगती है,कई प्रोग्राम काम करना बंद कर देते हैं,सस्टिम कई तरह के errors देने लगता है,फरि हमें नई वडिो इंस्टोल करनी पड़ती है,सभी प्रोग्राम **दोबारा** install करने पड़ते हैं । यह काम बहुत समय लेने वाला काम है,और झंझट वाला भी है ।

लेकनि मैं आपको एक ऐसा तरीका बताता हूँ , जसिसे आप 10 मनिट में आपके सस्टिम की सभी corrupted फाइल्स और errors को ठीक कर सकते हैं ।

- सबसे पहले आप start पर क्लकि कीजयि फरि run में जाइए वहां टाइप करें sfc /scannow यह ध्यान रहे कि sfc और / [स्लेश] के बीच में स्पेस है।
- फरि ok कर दीजयि, ok करते ही एक window खुलेगी जसिमें आपको वडिोज CD की CD डालने को कहा जाएगा।
- CD डालते ही Scanning चालु हो जाएगी जो 5 से 10 मनिट तक चलेगी।
- यह आपकी सभी फाइल्स को रपियर करेगा और सभी errors दूर कर देगा।

कंप्यूटर से Program/Software को रिमूव करें पूरी तरह से

अक्सर ऐसा होता है कि हम अपने कंप्यूटर से कोई सोफ्टवेयर या प्रोग्राम को रिमूव करते हैं तो वो प्रोग्राम all programs से तो हट जाता है लेकिन add or remove programs में उसकी एंट्री रह जाती और वहां हमें प्रोग्राम का नाम नज़र आ रहा होता है. ऐसा प्रोग्राम का पूरी तरह रिमूव नहीं होने के कारण होता है. इसके समाधान के लिए सबसे पहले start पर क्लिक करें फिर run में जाएँ. वहां टाइप करें regedit फिर ओके कर दें.अब आपके सामने रजिस्ट्री एडिटर की विण्डो खुलेगी उसमे बताये गए तरीके से क्लिक करते जाएँ.

HKEY_LOCAL_MACHINE/SOFTWARE/microsoft/windows/currentversion/uninstall

जब आप अंत में uninstall पर क्लिक करेंगे तो वहां आपके कंप्यूटर के सभी प्रोग्राम्स की लिस्ट आ जायेगी.अब आप जिस प्रोग्राम को हटाना चाहते हैं उस पर राईट क्लिक करके delete मार दें.यहाँ से डिलीट होने के बाद वो प्रोग्राम add or remove programs से भी हट जायेगा.

कंप्यूटर के लिए ड्राईवर तलाश रहे हैं तो एक उपाय

अक्सर ये समस्या रहती है कंप्यूटर के ड्राईवर की सीडी हमसे खो जाती है फिर कंप्यूटर के फोर्मेट होने या नए हार्डवेयर इंस्टाल करते हुए डिवाइस को पहचानना
और फिर उसके लिए ड्राइवर ढूंढना एक मुश्किल काम बन जाता है। पर अब नहीं, एक मुफ्त टूल जो आपके हार्डवेयर के अनुपलब्ध ड्राइवर की सूची बनाएगा और

आपके लिए उनके ड्राइवर डाउनलोड भी करेगा ।

1. ये slim driver एक मुफ्त software है जो आपके computer पर missing drivers की पहचान करता है, और उन्हें Download कर देता है, ताकि आप उसे install कर अपने computer का पूरा उपयोग कर सकें । आपको बस दो चीजों की जरुरत होती है, पहले तो इस software की और एक internet connection की जिससे ये आपके लिए driver downlaod कर सके ।

2. इसे उपयोग करना भी आसान है इसे download कर install करलें फिर इस program को शुरू करें main window में start scan बटन पर क्लिक करें ।

3. ये आपके कंप्यूटर को स्कैन करेगा और आपको एक सूची उपलब्ध कराएगा ।

4. इस window में आप जिस hardware के लिए driver download करना चाहते हैं, उसके नाम के सामने download/update लिंक पर क्लिक करें । अब ये टूल आपका driver download करने लगेगा, driver के download होते ही ये उसे शुरू भी कर देगा ताकि आप उसे install कर सकें ।

वैसे तो ये टूल 27MB का है पर जिप फाइल के रूप में सिर्फ 4.64 MB में आप इसे प्राप्त कर सकते हैं ।

इसे डाउनलोड करने के लिए निम्न address पर जाये ।

http://www.adrive.com/public/N5PWev.html

विशेष - ध्यान दें की ये टूल आपके startup में खुद ही शामिल हो जाता है, इसलिए driver download करने के बाद इसे uninstall कर दें तो बेहतर है ।

Computer Me Partition Kaise Banaye

कंप्यूटर में पार्टीशन कैसे बनाये How To make Partition In Computer अगर आपके कंप्यूटर में सिर्फ 1 या 2 Partition है और आपका और Partition बनाना चाहते हो तो यंहा देखयि कैसे आप कुछ आसान से Steps से कैसे Partition बना सकते है वो भी बनिा सॉफ्टवेयर के।

- Partition बनाने से पहले ये देख ले की जसि Partition से आप नया Partition बनाने जा रहे हो उसका साइज कतिना है और कतिना Space खाली है।
- अब My Computer खोले और MyComputer ऑप्शन पर Right क्लकि करके Manage पर क्लकि करे।
- अब बाईं तरफ (Left Side) आपको Disk management का option दखिगा उस पर क्लकि करे ।
- अब आपको अपने कंप्यूटर के सारे Partition दखिंगे जसि Partition में से नया Partition बनाना है उस पर Right क्लकि करके Shrink Volume पर क्लकि करे ।
- अब एक बॉक्स खुलेगा पहले SIZE भरे कतिने MB का Partition बनाना है ।
- 1024 MB = 1GB होता है तो अपने हसिाब से जतिना MB का नया Partition बनाना चाहते हो जैसे 25 GB का बनाना है तो उसे 1024 से गुना करके इसमें भरे ।
- 25GB का Partition एक windows Install करने के लिए बहुत होता है।साइज भरने के बाद Shrink पर क्लकि करें ।

- अब वही पर आपको एक और Partition दिखेगा उस पर राइट क्लिक करके New Sample Volume पर क्लिक करे ।

- अब एक बॉक्स खुलेगा अब बस आप Next Next पर क्लिक करते रहे 4 बार Next के बाद Finish आएगा जैसे ही Finish पर क्लिक करोगे आपका नया Partition My Computer में बन जायेगा ।

- अब my computer में जाये वंहा पर आपको एक और ख़ाली Partition दिखेगा जो आपने अभी बनाया है ।

How to make more Desktops in one Computer

अगर आपको डेस्कटाप पे कचरा मचाने की आदत है तो आप इस साफ्टवेयर का यूज कर सकतें है। इसके द्वारा आप अलग - अलग कैटेगरी जैसे गेंम्स, साफ्टवेयर्स, गाने, वडियिो इत्यादी के लयि अनेकों डेस्कटाप बना सकते है और इन डेस्कटाप पे अलग - अलग वालपेपर्स, अलग आइकान और अलग - अलग application shortcut लगा सकते है। मात्र 5 MB के इस टूल को डाउनलोड करने के लयि नचि दयि गये लकि पर जा कर ये सॉफ्टवेयर डाउनलोड करें।

http://dexpot.de/?id=download

सॉफ्टवेयर डाउनलोड करने के बाद आप अपनी वडिोज में अलग अलग डेस्कटॉप लगा सकते हैं।

अपने कंप्यूटर को करें सुपर फ़ास्ट एक ट्रकि से

आप भी अगर अपने कंप्यूटर की slow speed नामक बीमारी से ग्रस्त हैं, तो आज ही थोड़ी सी कोशशि करके देखयि । आप अपने कंप्यूटर की speed में फर्क देखेंगे।

- My computer पर Right click करके Properties पर जाएँ।
- properties में System Properties Window में जाएँ ,Advanced tab पर जाएँ।
- फरि Performance में जाएँ फरि Settings फरि Performance Options Window में Visual Effects teb पर जाएँ।
- यहाँ आपको Adjust For Best Performance पर क्लकि करना है,क्लकि करते ही नचि के बॉक्स लसि्ट के सभी नशिान हट जायेंगे।

- अब Visual Effects पर क्लकि करें। और सबसे नीचे वाले तीन Options पर Mouse के जरयि right का नशिान लगा दें,और apply कर OK कर दें।
- फरि My computer के C drive को ओपन करके Windows फोल्डर में जाएँ और Temp फोल्डर को ओपन करें।
- Temp फोल्डर में मौजूद सभी files को Delete कर दें। और अपने कंप्यूटर को रसि्टार्ट करके कंप्यूटर की speed में फर्क देख लें।
- उम्मीद है की पहले से ज्यादा आपके कंप्यूटर की फ़ास्ट और तेज स्पीड आपको मलिेगी।

Most Useful Keyboard Short Cut keys:

- अगर आप Keyboard पर काम करते वक्त बार-बार माउस या टचपैड पर हाथ ले जाना पसंद नहीं करते, तो हम आपको बता रहे हैं कुछ ऐसे कीबोर्ड शॉर्टकट्स, जो आपका काम आसान कर देंगे। कभी माउस के न होने (खराब होने) पर भी यह जानकारी आपके बहुत काम आएगी।
- **1. टैब को खोलना और बंद करना**

  अगर आप गूगल क्रोम या मोज़लिा फॉयरफॉक्स जैसे ब्राउज़र के कसिी टैब को बंद करना चाहते, तो Ctrl+W दबाएं। Ctrl+Shift+w दबाने से पूरी वडिो बंद हो जाएगी। अगर आपने गलती से कोई टैब बंद कर दयिा है, तो परेशान न हों। केवल Ctrl+Shift+T दबाएं।
- **2. माइक्रोसॉफ्ट वर्ड में फॉन्ट साइज घटाना या बढ़ाना**

  माइक्रोसॉफ्ट वर्ड में काम कर रहे हैं, तो फॉन्ट घटाने-बढ़ाने के लिए माउस या टचपैड पर हाथ ले जाने की जरूरत नहीं है। फॉन्च साइज बढ़ाने के Ctrl+] और फॉन्ट साइज घटाने के लिए Ctrl+[दबाएं।
- **3. वडिो का साइज घटाना-बढ़ाना (जूम आउट - जूम इन करना)**

  अगर आपने ब्राउज़र खोला हुआ है और वडिो को जूम आउट या जूम इन करने की जरूरत है, तो Ctrl के साथ + साइन दबाकर जूम इन और Ctrl के साथ - साइन दबाकर जूम इन कर सकते हैं। अगर आप लैपटॉप इस्तेमाल कर रहे हैं या कीबोर्ड पर अल्फाबेट्स के ऊपर मौजूद बटन्स का इस्तेमाल कर रहे हैं तो आपको कंट्रोल के साथ शफ्टि भी दबाना होगा।
- **4. वडिोज़ या ऐपलकिेशन के बीच एक-दूसरे पर जाना**

  कई बार हम कई वडिो या ऐपलकिेशन खोलकर काम करते हैं। हर बार दूसरे ऐपलकिेशन या वडिो में जाने के लिए माउस पकड़ना परेशानी वाला काम

लगता है। इसके लिए आप Alt+Tab का इस्तेमाल कर सकते हैं। वडिोज़ 7 और वडिोज़ 8 में आपको वडिोज़ बटन के साथ टैब बटन दबाना पड़ेगा।

- **5. फाइल्स डलिीट करना**

  जब आप फाइल्स डलिीट करते हैं, तो वह रीसाइकल बनि में जाती है और वहां से भी आपको डलिीट करना पड़ता है। अगर आप Shift+Delte का इस्तेमाल करेंगे, तो फाइल रीसाइकल बनि में नहीं जाएगी और वह पूरी तरह डलिीट हो जाएगी।

- **6. स्क्रीनशॉट लेना**

  कई बार आपको काम करते हुए स्क्रीनशॉट लेने की जरूरत महसूस होती है। डेस्कटॉप में प्रटि स्क्रीन और लैपटॉप में Fn+Print Screen दबाएं और पेंट या फोटोशॉप में नई फाइल खोलकर पेस्ट कर दें।

- **7. वर्ड काउंट करना**

  माइक्रोसॉफ्ट वर्ड में हम कई बार जानना चाहते हैं कि मैटर कतिने शब्दों का है। इसके लिए एक टूल होता है वर्ड काउंट। लेकनि हम अक्सर भूल जाते हैं कि वर्ड काउंड कहां है। तो टेक्स्ट सलिक्ट करएि और Alt+T दबाने के बाद W दबाइए।

- **8. सीधे होम स्क्रीन देखना**

  अगर आपने कई विंडो या ऐप खोले हैं और आपको अपनी स्क्रीन देखनी है, तो एक-एक करके सबको मिनिमाइज़ करने की जरूरत नहीं है। बस विंडोज़ बटन के साथ D दबाएं।

- **9. कंप्यूटर लॉक करना**

  अगर आप काम करने के बीच थोड़ी देर के लिए कहीं जा रहे हैं, खासतौर से ऑफिस में, तो अपना कंप्यूटर लॉक करके ही जाएं। इसके लिए विंडोज़ बटन के साथ L दबाएं।

- **10. सभी विंडोज़/ऐप्लिकेशन मिनिमाइज़ और मैक्सिमाइज़ करना**

  सभी विंडोज़/ऐप्लिकेशन को मिनिमाइज़ करने के लिए विंडोज़ बटन के साथ M दबाएं। सभी विंडोज़/ऐप्लिकेशन को मैक्सिमाइज़ करने के लिए विंडोज़ बटन के साथ शिफ्ट और M दबाएं

Google के कुछ मज़ेदार ट्रक्सि।

1.अपने स्क्रीन को पूरा घुमाने के लएि गूगल सर्च पर टाइप करएि 'Do a barrel roll' और इसकी वजह से आपकी गूगल स्क्रीन 360 डगि्री घूम जाएगी।

2.गूगल सर्च पर 'Underwater Google' टाइप करें। इसके बाद आपकी गूगल स्क्रीन aquarium जैसी बन जाएगी।

3.अगर आप Guitar बजाना चाहते हैं तो गूगल पर टाइप करएि 'Google guitar' type कीजएि ऐसा करने से एक बजाने लायक गटिार गूगल पर दखिेगा जसि पर क्लकि करते ही आपको आवाजें सुनाई देगी।

4. गूगल पर डॉस स्क्रीन शो करने के लएि आपको सर्च बॉक्स में 'Google terminal' टाइप करना होगा। बस टाइप कीजएि और देखएि कमाल।

5.जरा सोचएि आपका गूगल स्क्रीन गैलेक्सी की तरह घूमने लगे तो। यही होगा जब आप गूगल पर सर्च करेंगे 'Google sphere'.

6. आपके कम्प्यूटर स्क्रीन पर Mirror image (उलटी तस्वीर) दखिाई देगी। इसके लएि 'elgoog' टाइप करएि।

7. अपने गूगल पेज पर तालाब की तरह हलचल पैदा करने के लएि गूगल पर 'Google pond' टाइप करके सर्च करें और देखें जादू।

8. अगर अपने गूगल होम पेज को आप थोड़ा tilt करना चाहें तो इसका की-वर्ड है 'tilt' या 'askew'.

9. कैसा होगा अगर आपका गूगल पेज धड़ाम से गरि पड़े। यह कमाल होगा जब आप टाइप करेंगे 'Google gravity'.

10. गूगल इमेज पर 'Atari breakout' टाइप करएि, ऐसा करने से आपके स्क्रीन पर 70 के दशक का अटारी खेल लोड हो जाएगा ।

कंप्यूटर को सुरक्षति रखने के बेस्ट तरीके

अगर आपने अभी हाल ही में नया कम्प्यूटर लयिा है और आप भी कम्प्यूटर के लयि नये हैं, तो आप उसके रखरखाव को लेकर परेशान भी होगें। अगर आप चाहते हैं कआिपका कम्प्यूटर लम्बे समय तक आपका साथ दे और वह जल्दी खराब न हो तो आपको कुछ टपि्स अपनाने होगें, जसिसे आपका कीमती कम्प्यूटर लम्बे समय तक आपका साथ देगा। याद रखयि कम्प्यूटर भी हमारा साथ तभी देगा, जब हम उसका ख्याल रखेंगे। तो आइये जानते है।

1. अगर आप Internet प्रयोग करते हैं, तो लैपटॉप में एक अच्छा Anti-Virus डालकर रखें, जसिसे वह Virus से सुरक्षति रह सके। अगर आप Professional काम करते हैं, तो फ्री Anti-Virus ना डालें, यह अच्छे प्रकार से काम नहीं करते हैं।

2. कम्प्यूटर पर काम करते समय कभी पानी का गलिास, या चाय/काफी का कप या कसिी भी प्रकार का तरल पदार्थ Fluid पास न रखें, क्यों कअिगर गलती से भी की-बोर्ड के उपर गरि गया तो की-बोर्ड को खराब कर सकता है।

3. कम्प्यूटर को बार-बार Format न करें, ऐसा करने से आपकी Hard Disk खराब हो सकती है।

4. कम्प्यूटर से अगर अच्छी Performance लेनी है, तो गैर जरूरी Softwere ना डालें, केवल काम के ही Softwere का प्रयोग करें।

5. कम्प्यूटर को कूलर वाले कमरे में ना रखें, असल में जब आप कमरा बन्द कर कूलर को चलाते हो, तो कमरे में नमी(moisture) बन जाता है, जसिसे आपके कम्प्यूटर के मदरबोर्ड, पावर सप्लाई आदपिर जम जाते हैं, सबसे ज्यादा खतरा आपके एल0सी0डी0 को होता है, एल0सी0डी0 पर नमी(moisture) के कारण काले धब्बे बन जाते हैं, जो धीरे धीरे आपकी एल0सी0डी0 को पूरी तरह से खराब कर सकते हैं।

6. जतिना हो सके कम्प्यूटर को धूल (Dust) से बचायें, धूल चपि और आईसी पर जम जाती है, जसिसे वह ठंडे नहीं रह पाते हैं, और गर्म होकर खराब हो जाते हैं तथा Keyboard के बटन पर धूल जाने से Keyboard भी जल्दी खराब हो जाता है, या उसके बटन जाम हो जाते है, आपके DVD Rom को भी धूल Disservice पहुॅचा सकती है, उसके Lens पर धूल के जाने से Lens खराब हो सकता है या DVD Rom जाम हो सकता है।

7. UPS को कभी भी पूर्ण Discharge न होने दें, इससे आपके यू0पी0एस0 की Battery जल्दी खराब हो सकती है।

10. पायरेटडि सॉफ्टवेयर और गेम का प्रयोग न करें, इससे भी आपके कम्प्यूटर को खराब रहने का खतरा रहता है।

9. कम्प्यूटर को कभी भी सीधे पावर बटन से बन्द ना करें, सीधे और बार बार बन्द करने से आपकी हार्डडस्कि पूरी तरह से खराब हो सकती है। कम्प्यूटर को हमेशा शटडाउन ही करें।

10. कम्प्यूटर चलाने के लयि हल्की फुल्की ट्रेनगि अवश्य ले लें, अन्यथा अलग तरीके से इस्तेमाल करने से आप खुद ही कम्प्यूटर को खराब कर सकते हैं।

11. कम्प्यूटर को बन्द करने के बाद अगर हो सके तो (Cotton) सूती कपडे के ढक दें, जसिसे हवा का आवागमन बना रहे

How To Browse Offline In Google Chrome Without Internet

1. सबसे पहले गूगल क्रोम खोलें।
2. अब एड्रेस बार में Chrome://flags डाले और एंटर बटन दबाए।
3. अब keyboard से ctrl+F दबाए फरि आपके सामने एक search dialog box ओपन होगा उसमे आपको Enable Show Saved copy सर्च करना है।
4. अब आपको इनेबल शो सेव्ड कॉपी को primary मोड पर click करके सेव करना हैं।
5. इसके बाद आपका क्रोम ब्राउज़र फरि से लांच होगा।
6. अब आप जब भी अपने कंप्यूटर को इंटरनेट से connect करके जो भी वेबसाइट चलाएंगे वो आपकी cache memory में save हो जाएगी जसिके कारण आप उस वेबसाइट को बाद में बनिा इंटरनेट क भी चला सकते हैं।
7. अब जब आपके पास इंटरनेट नहीं हैं, तब आप उस वेबसाइट को खोल सकते जो आपने ये सेटगि करने क बाद अपने Chrome Browser में चलाई हैं।
8. बनिा internet के वेबसाइट चलाने क लएि उस वेबसाइट का Address डालएि जो आपने सेटगि्स करने के बाद चलाई हैं।
9. उसके बाद आपके सामने show saved copy का ऑप्शन आएगा उस पर click करें।
10. आपकी वेबसाइट आपके सामने खुल जाएगी।

कंप्यूटर की-बोर्ड की सबसे ऊपरी लाइन में मौजूद Key की पूरी लाइन देखकर क्या आप भी कनफ्यूजन में रहते हैं कि इनका यूज क्या है ?

आपको बता दें कि F1 से लेकर F12 तक की ये 12 कीज बड़े काम की हैं। इन Keys को 'Function keys' कहते हैं। इनकी मदद से आप कंप्यूटर पर तेजी से काम कर सकते हैं। जानिए, इन 12 keys का यूज:

================ ==========

F1

1. कंप्यूटर को स्विच ऑन करते ही यह की दबा देंगे तो कंप्यूटर का सेटअप (CMOS) खुल जाएगा, जिसमें सेन्सिटिव कंप्यूटर सेटिंग्स को देखा या बदला जा सकता है।

2. अगर आपने विंडोज़ खोल लिया है, तो इस की को दबाने पर विंडोज हेल्प एंड सपोर्ट डायलॉग खुलेगा, जिसमें सामान्य समस्याओं के समाधान दिखाए गए हैं।

3. अगर आप इंटरनेट एक्सप्लोरर ब्राउजर में काम कर रहे हैं, तो यह की दबाने पर इस ब्राउजर का हेल्प पेज खुलेगा।

4. क्रोम ब्राउजर में यही की दबाने पर गूगल क्रोम का हेल्प सेंटर खुल जाएगा।

5. माइक्रोसॉफ्ट वर्ड में कंट्रोल+F1 दबाने पर सॉफ्टवेयर फुल स्क्रीन मोड में चला जाएगा। फिर से दबाने पर दोबारा सामान्य हो जाएगा।

F2

- वडिोज में कसिी फाइल, आइकन या फोल्डर पर क्लकि करने के बाद F2 दबाने पर उसे फौरन रीनेम कयिा जा सकता है।

- माइक्रोसॉफ्ट वर्ड में कंट्रोल+F2 दबाने से प्रटि प्रवि्यू पेज खुलेगा, जो दखिाता है कि आपका डॉक्युमेंट प्रटि होने पर कैसा दखिेगा।

- माइक्रोसॉफ्ट वर्ड में Alt+Control+F2 को दबाने पर फाइल ओपन डायलॉग बॉक्स खुल जाता है।

F3

- वडिोज में F3 दबाने से सर्च बॉक्स खुल जाता है, जसिका इस्तेमाल फाइलों या फोल्डरों को

खोजने के लिए कर सकते हैं।

- माइक्रोसॉफ्ट वर्ड में Shift+F3 दबाने पर अंग्रेजी का सलेक्ट कयिा हुआ मैटर अपर केस या लोअर केस में बदला जा सकता है।

- माइक्रोसॉफ्ट डॉस या कमांड प्रॉम्पट वडिो में F3 दबाने पर पहले टाइप की गई कमांड दोबारा टाइप हो जाती है।

F4

- वडिोज एक्सप्लोरर (कंप्यूटर, माइ कंप्यूटर वगैरह) में इसे दबाने पर अड्रेस बार खुल जाती है। इंटरनेट एक्सप्लोरर में भी वेबसाइट का पता डालने के

लिए अड्रेस बार खुलती है।

- माइक्रोसॉफ्ट वर्ड में यह कुंजी दबाने पर वही काम रिपीट हो जाएगा, जो आपने अभी-अभी किया था। अगर आपने कोई शब्द टाइप किया है, तो वह दोबारा टाइप हो जाएगा। टेबल बनाई है, तो एक और टेबल बन जाएगी। अगर कोई टेक्स्ट बोल्ड किया है तो वह फिर से सामान्य और फिर से बोल्ड हो जाएगा।

- Alt+F4 को दबाने पर वह सॉफ्टवेयर बंद हो जाएगा जो अभी खुला हुआ है।

- Control+F4 दबाने पर किसी सॉफ्टवेयर के भीतर खुली कई विंडोज में से मौजूदा विंडो बंद हो जाएगी। जैसे इंटरनेट एक्सप्लोरर में खुले कई टैब में से एक टैब बंद हो जाएगा या फिर वर्ड में खुले कई दस्तावेजों में से एक बंद हो जाएगा।

F5

- यह रिफ्रेश की के तौर पर काम करता है। विंडोज में कोई फोल्डर कॉपी होने के बाद दिखाई नहीं दे रहा, तो इसे दबाइए, दिखने लगेगा। इंटरनेट ब्राउजरों में दिख रहे वेब पेजों को रिफ्रेश या रिलोड करने के लिए यह बहुत इस्तेमाल होता है।

- माइक्रोसॉफ्ट वर्ड में इसे दबाने पर Find and replace डायलॉग खुल जाता है।

- पावरपॉइंट में F5 दबाने पर स्लाइड शो चालू हो जाता है।

- माइक्रोसॉफ्ट एक्सेल में Shift+F5 दबाने पर Find and Replace सुविधा खुलती है।

- फोटोशॉप में इसे दबाने पर कई तरह के ब्रश सामने आ जाते हैं, जिनमें से अपनी पसंद का ब्रश

चुना जा सकता है।

F6

- इसे दबाने पर विंडोज टास्कबार में खुले फोल्डरों की सामग्री दिखने लगती है।

- इंटरनेट ब्राउजर में इसे दबाने पर करसर अड्रेस बार में चला जाता है और आप फौरन वेब

अड्रेस टाइप कर सकते हैं।

- अगर माइक्रोसॉफ्ट वर्ड में कई डॉक्युमेंट खुले हैं, तो उन्हें एक-एक कर देखने के लिए Control+Shift+F 6 का प्रयोग कर सकते हैं।

F7

- माइक्रोसॉफ्ट वर्ड में कोई दस्तावेज टाइप करने के बाद अगर F7 दबाएंगे, तो उसकी स्पेलिंग चेक होनी शुरू हो जाएगी।

- इंटरनेट एक्सप्लोरर में इसे दबाने पर कैरट ब्राउजिंग सुविधा शुरू हो जाती

है, जसिका इस्तेमाल कीबोर्ड के जरिए वेब पेजों पर टेक्स्ट सलेक्ट करने, आगे-पीछे जाने आद के लिए कयिा जा सकता है।

F8

- अगर कंप्यूटर को स्टार्ट करते समय इसे दबा देंगे, तो ऑपरेटगि सस्टिम को खोलने के लिए उपलब्ध कई मोड दखिाई देंगे, जनिमें सेफ मोड और कमांड प्रॉम्प्ट भी शामलि हैं।

- माइक्रोसॉफ्ट वर्ड में Alt+F8 दबाने पर मैक्रो तैयार करने की सुवधिा शुरू हो जाती है, जसिके जरिए बार-बार कएि जाने वाले कामों को करने के लिए छोटे-छोटे स्थायी नर्दिेश रेकॉर्ड कएि जा सकते हैं।

- माइक्रोसॉफ्ट वर्ड में टेक्स्ट को सलिेक्ट करने के लिए F8 का इस्तेमाल कयिा जा सकता है।

F9

- माइक्रोसॉफ्ट आउटलुक में ईमेल पाने-भेजने (सेंड-रसीिव) के लिए इसका इस्तेमाल करें।

- क्वार्क एक्सप्रेस में इसे दबाने पर मेजरमेंट टूलबार खुल जाता है।

- कुछ लैपटॉप में इसे दबाकर स्क्रीन की चमक (ब्राइटनेस) को कंट्रोल कयिा जा सकता है।

F10

- कसिी सॉफ्टवेयर में काम करते हुए इस कुंजी को दबाने पर मेन्यू बार सक्रयि हो जाता है, जैसे आपने वहां क्लकि कयिा हो।

- Shift+F10 को एक साथ दबाने का ठीक वैसा असर होता है, जैसा माउस के राइट क्लकि का। कसिी आइकन, फाइल या इंटरनेट एक्स्प्लोरर में कसिी लकि पर इन कुंजयिों को दबाकर देखएि, कॉन्टेक्स्ट

मेनू खुल जाएगा।

- Control+F10 का इस्तेमाल माइक्रोसॉफ्ट वर्ड की वडिो का आकार घटाने- बढ़ाने (मनिमिाइज- मैक्समिाइज) करने के लएि कयिा जा सकता है।

F11

- इंटरनेट एक्सप्लोरर, क्रोम आदि ब्राउजरों में फुल स्क्रीन को सक्रयि-नष्क्रिय करने के लएि इसे जमाएं।

- Alt+F11 को दबाने पर माइक्रोसॉफ्ट ऑफसि के सॉफ्टवेयरों में वजिुअल बेसकि कोड वडिो खुल जाती है, जसिका इस्तेमाल एक्सपर्ट यूजर करते हैं।

F12

- माइक्रोसॉफ्ट वर्ड में इसे दबाने पर Save As.. डायलॉग बॉक्स खुलता

है।

- Shift+F12 से माइक्रोसॉफ्ट वर्ड का डॉक्युमेंट सेव हो जाता है।

- Control+Shift+F 12 से माइक्रोसॉफ्ट वर्ड में खुला डॉक्युमेंट प्रिंट हो जाता है।